*av*

*sur un point important*

*de la*

*législation pénale*

# ESSAI

## SUR UN POINT IMPORTANT

## DE LA LÉGISLATION PÉNALE,

A L'OCCASION D'UNE CAUSE D'INFANTICIDE JUGÉE
A DIJON LE 29 PLUVIÔSE AN 10.

*Par le C.ᵉⁿ Poncet*
*profess. de législation et de droit civil*
*à Dijon*

**DIJON,**

Chez BERNARD-DEFAY, Imprimeur, rue Portelle,

Et chez COQUET, Libraire, place Saint-Jean.

AN 10.

# ESSAI

## SUR UN POINT IMPORTANT

### DE LA LÉGISLATION PÉNALE,

*A l'occasion d'une cause d'infanticide jugée à Dijon le 29 pluviôse an 10.*

LE 16 frimaire an 10, un enfant mort est trouvé sur l'un des remparts de la ville de Dijon, enveloppé dans des linges. Le substitut du commissaire est appelé ; il reconnoît l'état du cadavre : c'est un enfant mâle, venu à terme. Le corps, noirci dans toute sa longueur, paroît avoir été brûlé dans quelques parties, notamment à la tête et aux testicules, mais surtout à la cuisse droite. Il peut avoir péri par le défaut de ligature du cordon ombilical, ou avoir été étouffé dans de la braise.

.Ces conjectures de l'officier de police sont bientôt confirmées par le rapport d'un chirurgien qui déclare que, d'après les expériences et signes ordinaires en pareil cas, il est convaincu que l'enfant est venu à terme, bien conformé, qu'il a survécu à sa naissance, et que sa mort doit être attribuée à l'hémorragie qui a dû résulter du défaut de ligature du cordon, aux brûlures dont le corps est couvert, et enfin à la pression des linges dans lesquels on l'avoit enveloppé.

Deux jours après cette opération, on se rappelle (un peu tard) que l'expérience de la surnatation des poumons n'a point été faite : on exhume le cadavre, l'officier de santé opère, il ne reconnoît point de putréfaction, et les poumons surnagent.

Pendant ces entrefaites, Louise Pertuis, ouvrière en linge, déjà trois fois mère, subissoit dans la maison de la dame Royère, marchande lingère à Dijon, sa bienfaitrice, un interrogatoire des plus pressans et des plus pénibles, en présence de plusieurs autres femmes.

Depuis long-temps on l'avoit soupçonnée d'être enceinte ; on l'avoit pressée, mais toujours en vain, d'avouer sa grossesse ; on lui avoit offert d'être la marraine de son enfant, de s'en charger, de lui servir de mère, on l'avoit comblée elle-même de bienfaits ; rien n'avoit pu ébranler son obstination, et la faire sortir du système de dénégation qu'elle avoit adopté.

Mais chaque jour les signes de cette grossesse étoient devenus plus sensibles ; quoiqu'elle eût eu le courage de ne pas discontinuer les visites journalières qu'elle avoit coutume de faire à sa bienfaitrice, ce courage même l'avoit trahie, et des traces irrécusables ne permettoient plus de douter de sa faute..... Mais qu'avoit-elle fait de son enfant ? où étoit-il ? qu'alloit-il devenir ? la malheureuse nioit toujours.

Tout-à-coup une nouvelle affreuse se répand ; un cadavre d'enfant vient d'être trouvé sur le rempart ; un mouvement d'horreur s'élève ; tous les yeux se tournent sur Louise Pertuis : au cri de l'indignation qu'elle excite, elle répond par un cri de désespoir ; elle veut se précipiter, on l'arrête, on la rassure, on la console, on lui tend des secours, on la presse de fuir; elle se retire, à six lieues de Dijon, dans le sein de sa famille.

Cependant les soupçons l'ont suivie, et l'œil de la justice reste ouvert sur elle; on ne tarde pas à s'emparer de sa personne, un jury l'accuse, elle arrive enfin aux pieds du tribunal qui doit prononcer sur son sort.

La gravité de l'accusation dirigée contre une dijonnaise, l'éclat qu'avoit fait son affaire encore récente, les talens annoncés d'un orateur de la capitale qui s'étoit chargé de sa défense, tout se réunissoit pour exciter la curiosité inquiète du public : aussi jamais cause quelconque n'avoit-elle attiré un concours si nombreux.

Les débats s'ouvrent, les témoins sont entendus; une foule de circonstances accablantes jaillissent contre Louise Pertuis; le commissaire du gouvernement les recueille, les réunit en faisceau, et en forme une masse terrible : récèlement de grossesse et d'accouchement, dénégations mal concertées, mal suivies, contradictions, mensonges, aveux même, tout paroît s'élever contre elle, annoncer, révéler et la réalité du crime et la conviction de l'accusée.

Mais elle n'est point homicide, si son enfant n'a pas vécu.

Ici les officiers de santé luttent contre les officiers de santé; on analyse, on critique, on pulvérise avec les armes du talent et de la science les procès-verbaux du chirurgien isolé qui a constaté la préexistence de l'enfant, et détaillé les causes apparentes de sa mort.

Ce qui semble néanmoins résulter du débat, c'est que le vague et l'incertitude planent sur la matière en litige, que rien n'est plus équi-

voque et plus imparfait que les lumières acquises
à cet égard, que les autorités, les usages se
croisent, se détruisent réciproquement, que
les rapports médico-légaux sont toujours faits
avec trop peu d'appareil, et souvent par l'inexpérience ou la précipitation ; enfin, que les jurés,
dans l'impossibilité de saisir des discussions qui
leur sont étrangères, restent plongés le plus
souvent dans une nuit obscure que rien ne
sauroit dissiper.

Quoi qu'il en soit, Louise Pertuis est acquit-
tée par un jugement solennel devant lequel toute
opinion particulière doit fléchir, puisqu'il ap-
partient à la conscience des jurés, c'est-à-dire
à la conscience de citoyens honnêtes investis par
la loi d'un caractère aussi respectable que sacré.
Qu'on me permette seulement d'articuler un
fait : aucune femme accusée d'infanticide n'a
encore que je sache, été condamnée contradic-
toirement depuis l'institution du jury en France ;
aucune femme accusée d'infanticide n'auroit-elle
donc, en effet, porté une main parricide ? . . . .
On frémit, on s'effraie et de l'atrocité d'un crime
qui paroît au-dessus des forces de la scélératesse,
et de la multiplicité toujours croissante des coupables, et du scandale des accusations, et du
scandale plus grand encore de l'impunité. (1)
Est-ce la faute des mœurs ou celle de la législation ? quel remède opposer aux progrès épouvan-
tables de la corruption qui attaque la nature à
sa source et menace la population, soit qu'elle
en étouffe le germe avant son organisation, ou
qu'elle le détruise après sa naissance ?

---

(1) Le jugement de Louise Pertuis est le onzième rendu
jusqu'à présent en matière d'infanticide par le tribunal criminel de notre département.

Essayons de porter le flambeau de l'analyse et de la réflexion sur une question qui semble tenir de si près aux premiers préceptes de la nature, au premier intérêt de la société, aux premières obligations du législateur !

## §. Ier.

### Nature du crime. Législation ancienne et moderne.

Vainement nous berce-t-on du beau rêve de l'âge d'or ; les passions de l'homme naquirent avec lui ; les lois de la nature étoient à peine formées qu'elles étoient déjà méconnues, et l'histoire des crimes est aussi ancienne que celle du monde : l'infanticide est l'un de ceux que nous voyons souiller les premiers codes.

L'idée seule de ce crime paroît révolter la nature, et de tout temps des mains maternelles ont pu se tremper dans leur propre sang, détruire leur propre substance !....

Si je ne craignois pas de diminuer la juste horreur qu'il inspire, peut-être ne me seroit-il pas impossible d'expliquer cette contradiction en apparence inexplicable ; peut-être, en descendant au fond du cœur des mères, ne trouverois-je pas, dans les liens qui les uni sent au fruit naissant de leurs entrailles, cette force irrésistible que l'habitude d'aimer doit leur donner un jour, et que l'imagination aime à leur prêter dès ces premiers instans ; peut-être me seroit-il facile d'établir que telle est la loi de la nature, que l'amour maternel à sa naissance soit proportionné à la foiblesse de l'être informe

qui en est l'objet ; que cet amour impétueux
qui pourra dans sa maturité étouffer la voix
des passions les plus violentes, ne soit dans son
principe qu'un sentiment fragile et vague, incapable de lutter contre elles. Mais je me sens
retenu par la crainte ou de combattre une opinion vraie, ou de détruire une illusion utile,
et je m'arrête.

Quoi qu'il en soit, à supposer que l'on puisse
ôter à l'homicide de l'enfant qui n'est pas né
ou qui vient de naître, cet aspect odieux d'un
crime qualifié contre les lois les plus saintes de
la nature ; que l'on puisse concevoir l'idée d'un
tel crime dans le cœur d'une mère passionnée,
tandis que le meurtre volontaire de l'enfant déjà
formé est au-dessus des forces humaines et ré-
pugne à la raison, en un mot que l'on puisse
le faire descendre, par la pensée, au rang des
attentats sociaux et de l'homicide simple ; pour
n'être pas un crime du premier ordre, il n'en
est pas moins un crime épouvantable, et par
le tort réel qu'il fait à la population, et par la
facilité qu'on trouve à le commettre, et par la
lâcheté atroce d'un être fort, déchirant sans
pitié, sans péril, une créature innocente ; il
n'en est pas moins digne de toute l'indignation
des hommes et de toute la rigueur des lois pénales.

D'un autre côté cependant, s'il est vrai,
comme on n'en sauroit douter, que les peines
sans justice sont des actes de barbarie, que les
peines sans mesure sont des gages d'impunité,
que pour les rendre justes il faut considérer et
la nature du crime, et l'intention du coupable,
et le préjudice qu'il a causé, que pour les rendre
humaines il ne faut leur donner que la rigueur

strictement nécessaire à la répression des délits; s'il est vrai que le législateur doive s'armer
plutôt de l'appareil des menaces que de la sévérité des châtimens, et veiller en quelque sorte
à la porte du crime pour en défendre l'entrée,
plutôt que d'attendre le coupable aux pieds de
la justice inflexible; c'est sur-tout l'espèce de
crime que nous traitons ici, qui mérite, qui
exige de lui toute la profondeur de l'examen le
plus scrupuleux, toutes les lumières de l'analyse la plus sévère.

Mais afin d'éclairer notre marche par l'expérience, il est bon de rendre compte de l'histoire de la législation sur le crime de l'infanticide. Quand nous serons parvenus au terme où
la science des lois s'est arrêtée, nous verrons
s'il est possible, dans les circonstances où nous
sommes, de lui faire faire quelques progrès, et
nous aurons du moins fixé le point d'où l'on
doit partir pour atteindre ce but.

En jetant les yeux sur les codes des nations
au sujet de l'infanticide, il est aisé de se convaincre que les législateurs, dominés par les
préjugés ou aveuglés par l'ignorance, n'ont jamais apprécié la véritable nature du délit qu'ils
vouloient réprimer, jamais sondé les replis du
cœur humain, jamais consulté que le hasard
ou une inutile férocité.

La plus ancienne loi que nous connoissions
à cet égard est celle de Moyse, qui prononce
vaguement la peine de mort contre le crime
de l'avortement forcé si le fœtus a eu vie, et
n'en prononce point s'il n'étoit pa  encore animé. Qu'est-il besoin de faire sentir l'imperfection d'une pareille loi, dont le moindre défaut
seroit d'être inutile, puisqu'elle subordonne

l'application de la peine à une question de fait sur laquelle la science la plus conjecturale a seule le droit de prononcer?

Le premier état de la législation des romains, sur le sujet qui nous occupe, annonce leur antique barbarie; et le dernier se sent de leur asservissement plutôt que de leur civilisation. (1) C'est d'abord l'infanticide commandé par la loi même, dans le cas où le nouveau né présenteroit une difformité telle qu'on ne puisse voir en lui qu'un être destiné à surcharger inutilement la société; loi féroce et bien convenable aux mœurs d'un peuple de soldats, qui s'armoit pour conquérir et pour régner. (2)

C'est ensuite un droit de vie et de mort accordé au père de famille sur ses enfans, que l'on voit subsister pendant des siècles, et se convertir enfin en celui d'exhérédation. L'exposition des enfans étoit une conséquence nécessaire de ce droit farouche; elle étoit encore en usage sous les premiers empereurs chrétiens.

Cependant l'avortement avoit déjà excité la vigilance des magistrats; l'orateur romain, dans

---

(1) Je ne sache pas que rien nous soit resté des lois des égyptiens et des grecs contre l'infanticide.

(2) On ne peut que gémir sur la foiblesse et la folie humaine, quand on voit dans le temps le plus brillant de la Grèce, un philosophe, un athénien, un élève de Socrate, le sage, l'éloquent, le divin Platon ordonner froidement le meurtre ou l'exposition des enfans mal conformés, ou qui excéderoient le nombre de citoyens qu'il donne à sa république imaginaire. *De la rép.*, *L. 5.* Aristote veut aussi que, pour arrêter l'excès de la population, les femmes soient tenues de se faire avorter. *Des lois*, *liv. 5, et politique*, *liv. 7.* Minos, Lycurgue, Solon avoient de même circonscrit le nombre de leurs citoyens, etc. Voy. la traduction de la politique d'Aristote par le Gén. Champagne.

un discours qui n'est point parvenu jusqu'à nous, déclare digne de mort une milésienne, qui, pour favoriser des héritiers substitués dont elle avoit reçu de l'argent, avoit eu la scélératesse de se faire avorter. Cette décision de Cicéron devint une loi sous les empereurs, qui, prévoyant un autre cas d'avortement forcé, celui d'une femme divorcée qui, en haine de son mari, fait périr dans son sein l'enfant qu'elle a eu de lui, condamnent cette femme à un exil temporaire (1); distinction d'où il paroît résulter que le motif qui avoit porté au crime étoit encore considéré plutôt que le crime même. Une autre loi cependant prononce indistinctement et indéfiniment la peine de l'exil contre la femme qui aura procuré par la violence son avortement. (2)

Enfin les empereurs Valentinien, Valens et Gratien prononcent la peine capitale contre l'homicide de l'enfant né ou à naître, et même contre la tentative de ce crime. (3)

On n'aperçoit dans tout cela que des lois de circonstances, ou de préjugés, ou de hasard, auxquelles la raison ne sauroit s'arrêter.

Celles des peuples qui envahirent depuis l'empire romain, nées dans le sein de l'ignorance et de la barbarie, ne pouvoient guères être plus sages. Il paroît que du temps de Charlemagne on mit en question si le meurtre d'un enfant devoit passer pour homicide, et l'empereur se prononça pour l'affirmative. (4) Nous chercherions inutilement dans les siècles de dé-

_____

(1) V. la loi 39, ff. de pœnis.
(2) L. 8, ff. ad L. Corn. de sicar.
(3) V. L. 8, C. ad L. Corn. de sicar.
(4) V. les capit., L. 7, C. 121.

chiremens qui suivirent la mort de ce grand
homme, quelques traces de lois et de mœurs.

Cependant, quand la puissance de nos rois
eut enchaîné l'anarchie féodale, quand de funestes expériences nous eurent dégoûtés des ex-
péditions lointaines, et que les yeux du mo-
narque se tournèrent enfin sur la situation inté-
rieure de l'état, on fut frappé de l'extrème corruption qui régnoit de toutes parts, et qui étoit
le fruit nécessaire des longues guerres d'où l'on
sortoit à peine : on sentit principalement le
besoin d'arrêter les abus et les scandales que
produisoit l'impunité du crime de l'infanticide :
on chercha les moyens de réprimer ce crime
d'autant plus commun et d'autant plus funeste,
qu'il est plus difficile d'en obtenir la preuve :
on conçut bien que c'étoit sur-tout à le prévenir qu'il falloit s'attacher, et l'on imagina
dans cette vue la nécessité des déclarations de
grossesse ou d'enfantement; mais tout le bien
qu'on eût dû se promettre d'une idée si heureuse et si sage, se trouve détruit par le législateur même; car, négligeant de distinguer les
causes qui portent à l'infanticide, et pronon-
çant dans tous les cas la peine capitale, il met
souvent aux prises la nature et la loi, et assure
l'impunité du crime par la rigueur outrée du
châtiment. Tel est le fameux édit de 1556 que
l'on a regardé long-temps comme un chef-d'œuvre
de législation, et que l'illustre chancelier Da-
guesseau mettoit au-dessus de toutes les lois des
romains sur la même matière. Cet édit fut suivi
d'une ordonnance de Henri III, qui enjoignit
aux curés d'en faire la publication au prône tous
les trois mois. Enfin Louis XIV renouvela l'une
et l'autre de ces lois par son édit du 25 février

1708. Il dit dans son préambule, que la licence et le dérèglement des mœurs, qui font de continuels progrès, rendent tous les jours plus nécessaire la publication de la loi de Henri II. Il fait l'éloge de cette loi qui tend à assurer non-seulement la vie, mais le salut éternel des enfans conçus dans le crime, que leurs mères sacrifieroient à un faux honneur par un crime plus grand encore que celui qui leur a donné la vie, si elles n'étoient retenues par la connoissance de la rigueur de la loi, et si la crainte du châtiment ne faisoit en elles l'office de la nature, etc.

Dans le reste de l'Europe, la législation, au sujet de l'infanticide, n'offre ni moins de lacunes ni moins d'imprévoyance.

Charles-Quint, renouvelant l'ancienne distinction établie par Moyse, condamne l'avortement volontaire à la peine capitale si l'enfant a eu vie, et dans le cas contraire à une peine arbitraire *citra mortem.* (1)

La loi d'Angleterre absout la mère, si un seul témoin dépose qu'elle est accouchée d'un enfant mort : mais ce qui vaut mieux qu'une loi si facile à éluder, des asiles d'humanité sont ouverts à Londres pour recevoir gratuitement et soigner les mères qui veulent accoucher en secret ; des maisons d'éducation sont établies où l'on élève, aux frais de l'état, les fruits de ces accouchemens mystérieux.

Le code du grand Frédéric va plus loin : non-seulement il assure un asile et des secours aux victimes d'un amour illégitime, il les soustrait même aux reproches de leurs parens ;

_____

(1) V. la caroline, art. 133.

il impose silence à la pudeur publique, et veut que toute grossesse soit respectable aux yeux de l'opinion.

Mais dans le nombre des lois modernes contre l'infanticide, il y en a une qui, toute insuffisante qu'elle est, nous paroît cependant mériter quelque distinction; c'est celle du roi de Danemarck, du mois de janvier 1776, qui condamne à un certain nombre d'années de détention les filles qui auront caché leur grossesse si leurs enfans vivent, et à la détention perpétuelle si leurs enfans meurent. Quoique cette loi soit encore bien éloignée de la perfection qu'on pourroit desirer, il faut avouer pourtant qu'elle frappe le but en faisant porter la peine sur le récèlement de grossesse, et que cette peine n'est point révoltante par sa sévérité.

On a dû remarquer par ce que nous venons de dire, que tandis que les gouvernemens environnans prêtoient l'oreille aux leçons de l'expérience et de la philosophie pour la réforme de leur législation pénale, la nôtre en ce qui concerne l'infanticide n'avoit éprouvé aucun changement. Mais si l'édit de Henri II restoit toujours confiné dans le dépôt de nos lois, depuis long-temps, et bien avant la révolution, l'opinion l'avoit frappé de sa réprobation; les tribunaux eussent tremblé d'appliquer à une faute presqu'imperceptible au milieu de la corruption générale, une peine disproportionnée, et le désordre faisoit tous les jours de nouveaux progrès.

Bientôt la révolution éclate; tous les liens politiques et moraux sont rompus; le torrent de la dépravation emporte les foibles digues qui s'opposoient encore à son débordement ; dix ans s'écoulent au sein des déchiremens et des crimes ; plus de mœurs, ni même d'hypocrisie ; les tribunaux retentissent chaque jour des accusations d'infanticide, chaque jour la justice impuissante consacre elle-même, malgré ses vains efforts, l'impunité du crime et son triomphe.

Mais cependant un nouveau siècle, un nouvel ordre vient d'éclore ; la paix est conquise contre toute espérance ; l'édifice social, relevé par une main ferme, se rasseoit sur ses antiques fondemens ; la voix des factions est étouffée, les passions reprennent leur masque, et le crime recommence à trembler. Quelle circonstance plus favorable pour éveiller la sollicitude du gouvernement sur l'un des plus grands désordres qui affligent la société, et pour lui indiquer, sinon des remèdes, du moins des palliatifs contre une contagion si funeste !

## §. II.

### Opinions des jurisconsultes et des philosophes.

Nous avons rendu compte de l'état de la législation tant ancienne que moderne, et nous n'y avons trouvé que de foibles lumières pour nous conduire à la solution du problème que nous cherchons ; voyons si les opinions des jurisconsultes et des philosophes nous seront d'une plus grande ressource.

Les criminalistes distinguent *l'infanticide proprement dit, l'avortement volontaire, le recèle-*

*ment de grossesse et l'exposition de part.* Le premier est le crime du père ou de la mère qui met à mort un enfant déjà né ; le second celui des mères qui donnent la mort à l'enfant dans leur propre sein ; le troisième celui d'une fille ou femme qui, n'ayant point déclaré sa grossesse, est accouchée en secret ; le quatrième enfin, celui des pères ou mères qui exposent leurs enfans dans les rues ou chemins publics, et les mettent ainsi en danger de la vie.

Cette division générale fait voir d'abord combien les lois existantes présentent d'imperfection et même d'iniquité, puisqu'elles prononcent indistinctement la même peine dans tous les cas.

Mais si on l'examine elle-même avec quelqu'attention, on est frappé des sous-divisions sans nombre qui y sont renfermées, et que le législateur, s'il ne veut rien laisser à l'arbitraire, doit saisir par la pensée pour y proportionner ses dispositions pénales, c'est-à-dire pour être juste.

Par exemple, en ce qui concerne l'infanticide proprement dit, mettra-t-on au même rang le crime de la suppression du fruit naissant, et le meurtre de l'homme fait ? l'attentat est-il égal contre la nature, contre l'individu, contre la société ?

D'abord, si l'on ne doit pas se permettre de décider avec assurance une question d'un tel intérêt, ne peut-on pas au moins douter, comme nous l'avons déjà dit, que les liens naturels qui attachent l'enfant aux auteurs de ses jours, aient en ces premiers instans la force qu'ils doivent acquérir par la suite ?

D'un autre côté, ne sait-on pas que les probabilités de l'existence de l'enfant sont d'autant

plus-foibles qu'il est moins éloigné de l'instant
de sa naissance ; que dans ce premier période
de la vie, la sensibilité morale n'existe point
encore, que l'on ne connoît pas le supplice de
la prévoyance et de la crainte, et que l'homme
à peine ébauché traverse avec une insouciance
heureuse les dangers sans nombre qui menacent
sa fragile existence, passant indifféremment du
néant à la vie, ou de la vie au néant, sans redouter l'un et sans attacher le moindre prix à
l'autre ?

Enfin le préjudice qu'éprouve la société est-il
le même, lorsqu'on la prive d'un citoyen utile
ou seulement de l'espérance d'un citoyen ? (1)

De là si l'on passe à la considération des circonstances qui accompagnent le délit, et des
causes qui y donnent lieu, quelle multitude de
distinctions ne voit-on pas naître encore ? C'est
la démence, ou la fureur, ou la pudeur, ou
l'indigence, qui tour-à-tour arment le bras d'un
malheureux ou d'un père indigné, ou de la
victime d'un fol amour, ou d'une mère déses-
pérée ; et dans cette foule infinie de cas si différens que la justice elle-même ne sauroit prévoir, rarement voit-on, par bonheur pour l'humanité, la scélératesse et la soif du sang com-
mander seules un tel crime !

L'avortement volontaire peut de même être
le fruit des causes que nous venons d'exposer,
ou de l'influence d'un séducteur, ou des con-
seils et des secours d'une matrone détestable (2),

(1) V. un discours couronné par l'académie de Châlons-
sur-Marne en 1780.

(2) Qui pourroit croire que nous en sommes venus à ce
point de corruption, que des hommes infames ne craignent

ou de la crainte qu'inspire en certains cas à une femme adultère la révélation de son crime.

Le recèlement de grossesse se rattache principalement à l'idée d'une pudeur alarmée : quelquefois il peut être attribué aux inspirations de la misère qui médite un forfait.

L'exposition de part est aussi le crime de la honte ou de l'indigence ; mais il a cela de distinctif, que celui qui compromet ainsi les jours d'une victime innocente, peut du moins avoir cru que sa confiance dans la pitié publique ne seroit point trahie.

C'est ainsi que le crime de l'infanticide offre au législateur une multitude de nuances qu'il lui est peut-être impossible de saisir.

Si l'on ajoute à ces premières difficultés, celle bien plus grande encore d'arracher ce crime aux ténèbres qui l'enveloppent, si l'on réfléchit à l'incertitude des signes auxquels la science médico-légale croit reconnoître la préexistence de l'enfant, si l'on considère que la justice inquiète marche péniblement au milieu du doute, et que si elle n'a point à craindre dans les experts qui la guident, les erreurs de l'inexpérience, elle doit toujours redouter celles qui naissent ou de l'esprit de système, ou d'une prévention involontaire, ou de l'imperfection même de l'art ; comment espérer de porter le flambeau de la loi au sein de cette nuit obscure ? (1)

---

pas de faire presque publiquement l'affreux métier d'assassiner les enfans dans le sein de leurs mères ! V. le Journal de Paris, du 12 germinal an 10, et le Moniteur.

(1) Pour se convaincre de la difficulté d'acquérir la preuve de l'infanticide, on peut consulter un ouvrage intitulé : *Elementa medicinæ et chirurgiæ legalis*, dont l'auteur est

Henri II l'avoit senti, lorsque frappé de la presqu'impossibilité d'atteindre l'infanticide, il avoit armé la justice contre le défaut de déclaration de grossesse, délit léger en lui-même, mais qui annonce la préméditation du crime, délit positif d'ailleurs, et non équivoque, qui ne peut échapper à la vigilance du magistrat.

C'est en effet à cette époque de la grossesse que le législateur doit s'attacher, c'est à cette époque qu'il doit faire retentir à l'oreille des mères la menace du châtiment; c'est là qu'il doit en quelque sorte tarir le crime à sa source, et chercher à le prévenir pour n'avoir pas à le punir un jour.

Mais en infligeant, comme fit Henri II, une peine sans mesure, on détruit d'une main ce qu'on a voulu édifier de l'autre : aussi la plupart des commentateurs paroissent-ils effrayés de la sévérité inflexible et uniforme de l'édit de 1556.

Muyart de Vouglans lui-même, celui de tous que l'on vit soutenir avec le plus de chaleur les abus et la barbarie de notre ancienne législation criminelle, ne put s'empêcher d'indiquer les limites d'une loi si rigoureuse, et prétendit que, pour l'application de la peine capitale, il falloit le concours de sept conditions : 1°. qu'il y eût un corps de délit constaté par la représentation de l'enfant; 2°. preuve d'ailleurs tant de la gros-

---

un chirurgien allemand, nommé Joseph-Jacob Plenk, et que l'on trouve en extrait à l'article *infanticide* de l'encyclopédie méthodique.

On peut lire encore une dissertation du médecin Lafosse au supplément de la grande encyclopédie, même article; deux mémoires sur les rapports médico-légaux, l'un de M. ... nis, l'autre de M. Maret; enfin les recherches de Brissot ... outes ces matières.

séssé que de l'accouchement; 3°. que la fille n'eût déclaré dans aucun temps ni cette grossesse ni cet accouchement à personne digne de foi; 4°. que l'enfant fût venu à temps, c'est-à-dire, suivant des arrêts de règlement, avec ongles et cheveux; 5°. qu'il eût été privé du baptème; 6°. privé de la sépulture chrétienne; 7°. qu'il y eût preuve que la fille avoit pu avoir connoissance de la peine qu'elle encouroit en ne déclarant point sa grossesse et son accouchement, c'est-à-dire qu'il y eût preuve que la publication de l'édit au prône de sa paroisse avoit eu lieu, etc.; ce qui laissoit, comme on voit, une grande latitude à la défense de l'accusée, ou plutôt à l'humanité et à l'indulgence des tribunaux.

Rousseau de Lacombe, traité des matières criminelles, ne croit pas que la peine soit applicable au recèlement de grossesse et d'accouchement non suivi de la mort de l'enfant; il se plaint avec raison de la négligence qu'on apporte à la publication de l'édit. Il cite ensuite Theveneau qui distingue, d'après Aristote, différentes espèces d'avortemens, ceux qui se font jusqu'au septième jour de la conception, et qu'il appelle *écoulemens, pertes de sang, faux-germes*; ceux qui se font jusqu'au quarantième jour, auxquels il donne le nom *d'avortemens* ou *fausses-couches*; enfin, ceux qui se font après le quarantième jour, et qu'il appelle *enfantemens précipités ou prématurés*. Parmi ces derniers, les uns sont viables et les autres ne le sont pas. Ces distinctions, suivant le même Theveneau, sont de la dernière importance en jurisprudence. De Lacombe les regarde au contraire comme extrêmement dangereuses, sauf, dit-il, à l'égard des médecins, chirurgiens et apothicaires, qui

par ignorance des règles, donnent des médicamens abortifs pour sauver la mère en péril,
à tempérer la peine suivant les circonstances;
mais, ajoute-t-il, quand des filles pour cacher
leur vice, ou des femmes mariées pour couvrir
leur adultère, ou en haine de leurs maris, pren-
nent des médicamens et breuvages pour se faire
avorter, en ce cas elles sont punissables de mort
aussi-bien que ceux qui leur en procurent les
moyens.

Quant à l'exposition de part, elle peut, con-
tinue de Lacombe, tomber dans le cas de l'édit;
cependant, pour éviter de plus grands maux,
la justice ferme les yeux sur ce délit. On porte
sans formalité l'enfant à l'hospice des enfans-
trouvés : ailleurs, les hauts justiciers sont tenus
de se charger des enfans exposés, etc.

Nous ne pousserons pas plus loin l'analyse des
opinions diverses au sujet d'une loi tombée depuis
long-tems en désuétude. Interrogeons maintenant
les philosophes sur la question qui nous occupe.

Depuis long-temps la réforme de la législation
criminelle de l'Europe étoit desirée par tous les
amis de l'humanité. Le chancelier de Henri VIII
en Angleterre, et l'auteur des essais en France,
esprits bien au-dessus de leur siècle, avoient gémi
sur la barbarie des lois, et préparé, pour ainsi
dire, la voie aux discussions et à l'analyse philosophique. Le dix-huitième siècle arrive enfin,
et le génie de Montesquieu s'empare des idées
politiques qu'avoient ébauchées ces deux hommes
dignes de lui servir de modèles et de maîtres.
Il combat sans ménagement les préjugés et les
abus, et dépose dans ses écrits immortels, au
milieu d'une foule d'erreurs, le germe des plus
utiles vérités.

Ces vérités, semées par une main habile, **ne**
tardèrent pas à jeter de profondes racines dans
des esprits bien préparés à les recevoir. Il existoit
alors une fermentation sourde et comme une
agitation souterraine qui sembloit annoncer, dès
le milieu du siècle, le fléau régénérateur et terrible qui en a dévoré les dernières années. Le
génie français, incapable de se fixer jamais, se
frayoit de nouvelles routes dans l'espace : on eût
dit que, fatigué de l'éclat du siècle précédent, le
sceptre des beaux arts pesât à ses mains légères ;
que, dégoûté de jouir en paix d'un empire non dis-
puté, et renonçant aux hommages de l'univers,
il préférât à l'ennui du trône le plaisir de ten-
ter la fortune et de courir une nouvelle carrière
d'ambition et de gloire. Le goût des sciences
analytiques avoit remplacé celui de la littérature ;
la manie de philosopher s'étoit emparée de toutes
les têtes : c'étoit une mode, un engouement, une
fureur universelle. On raisonnoit sur tout, on
critiquoit tout, on remettoit tout en question.
Principes religieux, sociaux, politiques, on sou-
mettoit tout au creuset de l'analyse, et toutes
les illusions, quelque respectables qu'elles eussent été jusqu'alors, s'évanouissoient comme une
ombre.

Les abus de la législation criminelle reçurent
des premiers le choc de la philosophie. A peine
l'auteur de l'esprit des lois avoit donné le signal
du combat, qu'une foule de jeunes auteurs s'em-
pressèrent d'entrer en lice. L'Italie venoit en
1764 de leur ouvrir la carrière, et le traité des
délits et des peines fut comme le texte du grand
nombre d'ouvrages qui parurent en France depuis cette époque. Les sociétés savantes en cou-
ronnèrent plusieurs, l'opinion publique les ac-

cueillit tous avec avidité. Quelques-uns des écrivains qui se firent remarquer dans la lutte, ont
laissé un nom illustre. Nous ne rappellerons ni
leurs efforts, ni leurs succès qui sont consacrés
aujourd'hui par nos institutions mêmes. Bor-
nons-nous à chercher dans leurs ouvrages, ce
qui est relatif à l'objet que nous traitons. (1)

L'ami des hommes, et après lui Voltaire,
Servan, Pétion, Brissot et une foule d'autres
s'attachent principalement à démontrer l'insuffisance et la barbarie de l'édit de Henri II. Tous
s'accordent sur la difficulté extrême de constater
l'infanticide, et sur la nécessité de le prévenir
au lieu de le punir; mais ils diffèrent en un point
essentiel sur la nature des moyens à employer
pour obtenir le but proposé.

Les uns plus hardis et plus tranchans ne veulent aucune composition avec ce qu'ils appellent
le préjugé des mœurs, et prétendent étouffer la
voix de la pudeur et de la morale publique : ils
ne voient dans l'infanticide que le crime de la
foiblesse, si c'en est une que d'obéir à la nature ;
ils se récrient avec véhémence contre la contradiction impie que l'on établit entre la loi sociale
et la loi naturelle, entre l'opinion qui flétrit la
malheureuse victime de l'amour, et la loi qui
la punit si elle ne se dévoue pas à l'infamie;
ils se représentent l'état affreux d'une jeune fille
partagée entre la crainte de l'opprobre ou la
crainte du supplice, et bravant enfin tous les
dangers pour sauver son honneur; ils ne craignent pas d'imposer silence à l'opinion publique,

---

(1) V. la collection de tout ce qui a paru en Europe sur
les lois criminelles, jusqu'en 1782, dans la bibliothèque
philosophique de Brissot de Warville.

et de déclarer *toute grossesse respectable*. (1)
Quelques-uns même d'entr'eux, dont le suffrage
a trouvé des défenseurs dans la tribune natio-
nale, proposent d'accorder *une prime d'encou-
ragement* aux filles-mères, etc.

Les autres, plus réservés ou plus timides,
tout frappés qu'ils sont de la rigueur excessive
des lois, ne portent pas le desir de la réforme
jusqu'à vouloir renverser le sanctuaire des mœurs
et de l'opinion publique. Du reste ils conviennent
avec les premiers, que le seul moyen d'arrêter
à sa source le crime de l'infanticide, consiste
dans l'établissement d'hospices où, comme en
Angleterre, les filles ou femmes soient admises
pour y accoucher *en secret et gratuitement*, et
dans lesquels les fruits de ces amours illégitimes
soient élevés *aux frais de l'état*.

C'est à ce but que se rattachent, en dernière
analyse, toutes les dissertations des philosophes
au sujet de l'infanticide.

Ce but, si louable en lui-même, est-il possible
de l'atteindre ? ces moyens si efficaces que l'humanité et la justice semblent approuver à l'envi,
sont-ils praticables dans les circonstances où
nous sommes ? ne présentent-ils d'ailleurs aucun
inconvénient ? enfin, dans l'attente de ces temps
prospères que tout nous fait espérer, mais qui
sont encore éloignés, où le gouvernement vou-
lant tout ce qui est bien ne trouvera plus d'obstacles qui l'arrêtent, faut-il fermer les yeux sur
des désordres toujours croissans qui menacent
la société même et font gémir l'humanité ? Tel
est l'objet qui se présente à mes réflexions, et

_____

(1) C'est l'opinion de ces auteurs qui paroît avoir dicté
l'article du code Frédéric que nous avons rapporté plus haut.

qui demanderoit, pour être bien traité, tout
autre chose que le zèle dont je suis animé.

## §. I I I.

### *Difficulté d'atteindre l'infanticide. Réfutation des philosophes.*

Nous avons déjà vu combien de difficultés on
a toujours rencontrées dans la recherche du
crime de l'infanticide.

S'il étoit presqu'impossible, dans l'ancien ordre,
d'en atteindre les auteurs, combien l'impunité
n'en est-elle pas plus assurée depuis l'institution
du jury ! Peut-on se flatter que de simples citoyens, appelés de loin en loin au plus pénible
de tous les ministères, s'arrachant à regret à
leurs occupations domestiques pour remplir des
fonctions qui répugnent à la plupart d'entr'eux
et qui sont au-dessus de la portée de plusieurs,
dépouillent facilement les idées d'humanité et
d'indulgence qui constituent la vertu principale
de l'homme en société, pour se revêtir, par la
pensée, du caractère auguste attaché à la qualité
de magistrat ; qu'ils oublient tous les rapports
privés qui unissent entr'eux les sujets de la même
loi, pour se transformer tout-à-coup en pon-
tifes et en ministres de cette loi ; qu'ils s'exa-
gèrent à eux-mêmes l'intérêt qu'ils ont chacun
en particulier à la répression des délits, pour
embrasser avec une sainte colère le soin de la
vindicte publique ? Non, qu'on ne l'espère pas.
Et quand la raison seule n'annonceroit pas un
semblable résultat, dans le pays de l'Europe
sur-tout où l'égoïsme exerce le plus ouvertement

son empire, on n'a pour former son opinion à
cet égard qu'à consulter l'expérience ; et l'on
s'apercevra sans peine que la procédure par jurés, infiniment respectable en elle-même, donne
une grande garantie au citoyen, mais n'en donne
qu'une très-foible à la société. Ainsi donc, sous
ce premier point de vue, on conçoit que l'infanticide doit échapper toujours à la punition
que la loi voudroit lui infliger.

Je vais plus loin même. Je prétends que dans
un ordre tout différent, et quand le soin de prononcer en matière criminelle seroit remis comme
autrefois entre des mains endurcies par l'habitude de juger ; tout passionnés que l'on veuille
croire les juges pour le maintien de l'ordre public, tout enivrés qu'on les suppose de la gravité de leurs fonctions, tout pénétrés qu'ils puis-
sent être de la nécessité de punir, et tout sé-
vères que les ait rendus l'exercice du pouvoir
terrible de condamner, je prétends que des juges
de cette espèce ne pourroient, sans la plus coupable témérité, prononcer affirmativement la
conviction dans la plupart des accusations d'infanticide.

En effet, réfléchissons à la multitude infinie
de nuances qui peuvent changer le caractère
et la face du crime ; représentons-nous le mystère
de l'enfantement, les accidens qui peuvent l'ac-
compagner, et les dangers de toute espèce qu'il
présente à l'enfant naissant ; rappelons-nous que
presque toutes les causes auxquelles on attribue
l'avortement sont fautives ou douteuses ; que
celles auxquelles on assigne ordinairement la
mort de l'enfant, n'offrent pas moins d'incertitude ; que rien n'est plus vague que les signes
qui servent à constater la survie du nouveau né ;

que d'après l'avis des plus habiles médecins, les
signes mêmes de la grossesse sont équivoques;
qu'une malheureuse, surprise dans le sommeil
ou dans l'ivresse, et portant dans son sein le
gage d'un amour non partagé, peut à la rigueur
ignorer son état, et se trouver enfin victime
du crime sans en avoir été la complice : portons
nos regards sur les motifs divers qui entraînent
à commettre le crime, tantôt la foiblesse ou la
séduction, et tantôt la misère ou la honte; cal-
culons enfin la fragilité des liens qui attachent
une mère à son enfant dans ces premiers instans,
sur-tout lorsque le désespoir ou la crainte ba-
lancent dans son cœur les efforts de la nature.
Quel est l'homme, quel est le juré, quel est le
juge qui oseroit former son opinion avec des
élémens si foibles, et trouver, au milieu d'une
si profonde obscurité, les preuves plus claires
que le jour qui doivent appuyer, légitimer, justifier sa décision ?

Concluons donc que cette impénétrabilité
presqu'absolue dans laquelle est le plus souvent
enveloppé l'infanticide, doit le soustraire, en
quelque régime que ce soit, aux poursuites des
tribunaux.

Concluons encore, que décerner une peine
inflexible et sévère contre ce crime, c'est commettre presque toujours une extrême injustice
et un acte de la plus atroce barbarie.

Mais, s'il est impossible de l'atteindre, si l'on
doit trembler de le punir, il n'est pas impossible
de le prévenir, et c'est vers ce but principal
de toute législation criminelle qu'il faut diriger
les efforts de l'administration publique. (1)

_____

(1) Il ne faut pas douter que le tribunal suprême qui
doit présenter au gouvernement, en vertu de l'arrêté du 5

Revenons d'abord sur les opinions des philo-sophes, et examinons les moyens qu'ils nous proposent.

Assurez, nous dit l'un, *autant que vous le pourrez*, une ressource à quiconque sera tenté de mal-faire, et vous aurez moins à punir. (1)

Dérobez à la honte, s'écrie l'autre, les malheureuses victimes de l'amour, imitez l'exemple du roi de Prusse, faites taire l'opinion publique, et *rendez toute grossesse respectable*, etc. (2)

Enfin ouvrez par-tout des asiles, comme en Angleterre et en Toscane, nous répètent-ils tous d'après l'auteur de l'ami des hommes.

Cet auteur original et piquant est celui d'entr'eux qui a donné le plus de développement à cette idée. Il appelle les hospices des enfans-trouvés, *la pepinière de l'état*. Il se plaint de la rareté des établissemens de ce genre, puis il ajoute : « Ce ne sont point ici les enfans de la » débauche, la débauche ne fait point d'enfans : » c'est la misère, le malheur ou la foiblesse qui » vous apportent leurs enfans. De ces trois choses » les premières sont respectables, la troisième » excusable pour des anges, attendrissante pour » des hommes. Je voudrois donc qu'il y eût,

---

ventôse an 10, le tribut annuel de ses réflexions sur les abus à réformer dans la législation, ne porte ses premiers regards sur la matière importante qui nous occupe; on doit penser aussi que cette matière n'échappera point aux commissaires chargés de la préparation d'un nouveau code des délits et des peines : heureux si cet essai, tout imparfait qu'il est, peut renfermer des vues utiles, et fixer du moins l'attention des magistrats sur l'un des désordres les plus scandaleux qui affligent la société!

(1) Commentaire de Voltaire sur le traité des délits et des peines.

(2) Théorie des lois criminelles de Brissot.

» pour recevoir ces tributs précieux, des mai-
» sons dans les capitales des provinces, dans les
» villes du second et troisième ordres, dans les
» chef-lieux de sénéchaussée, bailliage, élection,
» viguerie, etc.; que ces maisons *fussent bien*
» *fondées* et ordonnées chacune selon ses propor-
» tions, que le tout fût desservi par des femmes,
» et qu'il n'y entrât jamais aucun homme; qu'un
» quartier de bâtiment fût destiné à recevoir
» toute personne enceinte qui voudroit s'y reti-
» rer, qu'elle y fût bien traitée sans honte ni
» reproche, et qu'en sortant celles qui seroient
» nécessiteuses *reçussent dix écus pour prix du*
» *présent qu'elles ont fait à l'état;* que sur-tout on
» n'établît pas certaines exclusions de territoire
» et de canton, car il n'est pas à croire qu'une
» pauvre femme qui veut se cacher vienne ac-
» coucher dans sa propre ville; mais tandis qu'elle
» surcharge une maison étrangère, une autre par
» la même raison va chez elle tenir sa place. Ce
» régime vaudroit mieux, pour empêcher des
» avortemens, que toutes les ordonnances et lois
» contre celles qui ne font pas des déclarations.

» Vous, continue-t-il, que la providence a
» chargés de tenir en bride l'humanité, souve-
» nez-vous que la pudeur quelconque est le mors
» le plus efficace pour cela. Il y a autant d'espèce
» de honte qu'il y a de vertus. Toutes les fois
» que nous perdons une sorte de vergogne, nous
» devenons vicieux sans ressource en un point.
» Qui a perdu toute honte, n'est plus qu'un
» homme à noyer. C'est par ce principe, plus en-
» core que par la crainte des animosités, que la
» médisance est un vice très-dangereux dans la
» société, et que les faiseurs de satyres, de chan-
» sons cruelles et de libelles sont des criminels

» au premier chef. Si je péche en secret, il y a
» encore de la ressource et beaucoup; car qui
» n'a péché, menti, trompé? Mais si mon crime
» est dévoilé, mon amour-propre se retourne, il
» devient effronterie, il se justifie ses propres
» vices par son audace en cherchant à y faire
» tomber autrui, en les supposant où il ne peut
» les faire naître. La honte donc est un reste pré-
» cieux de l'innocence gémissante; qui nous or-
» donne de la perdre, nous prédestine criminels.
» Maisons utiles, cachez dans votre sein des filles
» malheureuses, et nous les renvoyez plus pures
» qu'avant qu'elles eussent besoin de vous, puis-
» que l'attendrissement de la charité et le loisir
» des réflexions les auront rendues plus honnêtes
» par principes et moins confiantes.

» La pauvreté malheureusement engendre une
» autre sorte de honte, et met bien des ménages
» dans la dure nécessité d'exposer leurs enfans.
» Je voudrois que toutes voies fussent ouvertes
» pour les recevoir, avec toutes défenses de per-
» quisitions pour reconnoître les parens.

» A l'égard de la destination de ces enfans,
l'auteur veut qu'on en fasse non des soldats,
mais des agriculteurs (1); soldats par force,

---

(1) Dans le cours de la révolution, on s'est occupé quelquefois du sort des enfans abandonnés. Un décret du 4
juillet 1793 leur donne le nom d'*enfans naturels de la patrie*.
Un autre du 19 août suivant accorde des indemnités aux
individus ou aux familles qui seroient demeurés chargés
d'enfans abandonnés. Le corps législatif décrète, le 27 frimaire de l'an 5, qu'ils seront reçus gratuitement dans les
hospices civils, et charge le directoire de faire un règlement sur la manière dont ils seront éleyés et instruits, etc.
Le règlement du directoire en date du 30 ventôse suivant,
contient des vues de bienfaisance et de sagesse; mais le
mauvais état des finances, le dénuement des hospices, mille

dit-il, mauvais soldats : mais tous, bien ou mal tournés, peuvent servir à la terre, etc. Il y en auroit des entrepôts dans les différens lieux ; quand ils auroient atteint l'âge de dix ans, tout honnête laboureur muni de bons certificats pourroit en prendre un. On retiendroit son nom et sa demeure, et on lui donneroit vingt écus, à charge de rendre moitié de cette somme à l'enfant quand celui-ci voudroit le quitter, ce qu'il ne seroit libre de faire qu'à l'âge de seize ans. Ce laboureur jouiroit en outre de l'exemption de la milice pour deux de ses enfans, ou pour quatre s'il prenoit deux orphelins, etc. Tous les ans il devroit représenter l'enfant aux officiers du canton, et en cas de mort rendre dix écus, etc., etc. A ces conditions il y auroit grande presse à la campagne à qui s'en chargeroit. Ces enfans seroient d'abord employés à garder les bestiaux, et bientôt, selon leur talent et leur industrie, deviendroient propres aux différens travaux de la campagne. A l'égard des filles, c'est autre chose. Il y a moins de débouchés et plus de périls pour ce sexe que pour le nôtre ; mais on sent que je multiplie les débouchés en lui attribuant en particulier le soin des hôpitaux et des maisons d'enfance, en multipliant les manufactures dont il faudroit leur laisser tous les ouvrages fins et sédentaires, comme aussi la plupart des autres. Du reste, je laisse au gouvernement les détails, etc. » (1)

On me pardonnera d'avoir transcrit ce morceau, tout long qu'il est, en faveur des vues de

causes enfin, sans compter la guerre, ont toujours rendu vaines d'aussi respectables intentions.

(1) V. l'Ami des hommes, tom. I, part. 2, chap. 7, p. 211 et suiv. de l'édit. in-4°.

détail qu'il renferme, et de l'esprit d'humanité qu'il respire.

Je ne puis que rendre hommage aux inten-tions de bienveillance qui ont dicté ce système de la multiplication des hospices. Je ne puis dis-convenir qu'en général de pareils établissemens ne soient propres à remplir le but proposé, en enlevant aux mères coupables tout intérêt de commettre le crime, et en affranchissant la na-ture de tous les liens d'opinion qui la gênent.

Cependant n'est-il pas à craindre qu'en sous-trayant ainsi le vice aux regards et à la critique de l'opinion, on n'ouvre une trop large porte à ses débordemens? est-il utile d'enchaîner ces ju-gemens publics qui sont le dernier cri des mœurs dans un pays profondément corrompu? n'est-il pas dangereux de multiplier les asiles du liberti-nage, et n'est-ce pas en quelque sorte s'en rendre le complice, que de lui prêter un aussi grand appui et des facilités si grandes? méconnoît-on l'influence des unions légitimes sur la population des états, et l'influence du libertinage sur les unions légitimes? ne craint-on pas de dégoûter les hommes des privations de la vertu, en pro-tégeant si ouvertement la dissolution? en un mot, faut-il que les lois se prostituent, si l'on peut ainsi parler, jusqu'à aplanir le sentier du vice?

Il est bien vrai qu'on préviendroit l'infanticide en récompensant la mère d'un fruit illégitime, ou en la soustrayant du moins à la flétrissure, comme à Sparte; mais, pour détruire un crime, il ne faut pas détruire les mœurs. (1)

_____

(1) V. un mémoire sur les moyens de prévenir l'infanti-cide, par Pétion de Villeneuve, alors avocat à Chartres.

La continence des femmes fut toujours regar-dée comme une vertu précieuse. A Athènes, un magistrat veilloit sur la conduite des femmes. Rome fit de la pudicité une déesse : en Europe, l'opinion du moins rend hommage à cette vertu. (1)

La dissolution des femmes au contraire, est le fléau le plus funeste de la société, et l'une des grandes causes de la dépopulation. Qui voudra s'attacher aux liens et à la gêne du mariage, quand on peut se promener dans l'état comme dans un sérail ? Moins il y a de gens mariés, dit Montesquieu, moins il y a de fidélité dans les mariages, comme lorsqu'il y a plus de vo-leurs il y a plus de vols.

Il y a, dit-il ailleurs, tant d'imperfections atta-chées à la perte de la vertu dans les femmes, toute leur ame en est si fort dégradée, ce point principal ôté en fait tomber tant d'autres, que l'on peut regarder dans un état populaire l'in-continence publique comme le dernier des mal-heurs, et la certitude d'un changement dans la constitution. (2)

Ce sentiment de Montesquieu s'applique, mal-gré lui-même, à toutes les espèces de gouver-nemens réguliers, quelle qu'en soit l'intensité; il n'en est aucun qui puisse résister long-temps aux atteintes de la corruption ; il n'en est aucun qui ne doive resserrer ce torrent par tous les moyens qui sont en son pouvoir; et l'on nous propose au contraire de l'élargir !

Quand même il seroit vrai que les états moins

_____

(1) Ibid.
(2) Le moindre défaut d'une femme galante, c'est la galanterie. *La Rochefoucault.*

libres ont moins besoin de mœurs, on ne peut
nier que le joug de l'opinion ne soit mille fois
préférable à celui des lois ; et sur le fondement
d'une proportion vague, imaginée pour soutenir un système brillant dont on est désa-
busé, les législateurs se croiront-ils permis de
briser un frein utile, de comprimer l'opinion,
d'autoriser, de consacrer par de scandaleuses
récompenses la violation des mœurs et les progrès du libertinage ; trop heureux si, dans le
sein de la plus funeste dépravation, ils trouvent
encore au milieu des débris quelques bouts de
chaînes mal rompues, et si l'opinion publique
leur épargne quelquefois la triste nécessité de
menacer et de punir !

On veut faire taire l'opinion ; faudra-t-il pros-
crire encore celle qui flétrit la femme adultère,
et lui enlever la honte pour l'engager à conserver
le fruit de son crime ?

Que l'opinion qui verse l'infamie sur la victime de l'amour, qui déshonore pour une foiblesse, soit ou non en opposition avec les inspirations de la nature, ce qui est plus que pro-
blématique (1), gardons-nous de la détruire si
elle peut garantir l'innocence des séductions du
vice ; et si le sacrifice d'un frein si salutaire n'est
pas absolument nécessaire à la solution que nous
cherchons !

Mais en accordant même, si l'on veut, que
l'établissement des maisons d'accouchemens se-
crets soit un moyen avoué par la morale autant
que par l'humanité, parviendra-t-on aussi faci-

---

(1) Il n'est pas vrai, dit Montesquieu, que l'inconti-
nence suive les lois de la nature, elle les viole au contraire ;
c'est la modestie et la retenue qui suivent ces lois.

lement à son but qu'on se le persuade? l'infortunée que l'on veut sauver de l'opprobre, pourrat-elle espérer d'ensevelir à jamais sa honte dans
ces asiles de la pudeur? devra-t-elle compter
sur le secret si difficile à obtenir chez un peuple
malin et frivole, pour qui la médisance est un
besoin ? sera-t-elle plus à l'abri de la critique
et du blâme réfugiée dans un hospice, que cachée en un de ces réduits particuliers où des
mercenaires lui vendent leurs secours et une
discrétion également équivoque dans les deux
cas ? la malheureuse, véritablement victime d'un
instant d'égarement, celle pour qui la honte est
le plus grand des supplices après le supplice du
remords, osera-t-elle se jeter entre les bras de
l'indulgence publique, et lui confier un secret
qu'elle voudroit se cacher à elle-même ? ira-t-elle
se confondre avec une foule de femmes corrompues qui peupleroient infailliblement ces
asiles ? les hospices d'accouchement ne seroient
donc utiles qu'aux prêtresses de la débauche,
ou au petit nombre d'infortunées pour qui l'indigence a été le tombeau de la vertu; et le but
principal qui les auroit fait instituer, seroit précisément celui que l'on n'atteindroit pas !

Cependant, à dieu ne plaise que j'aie en vue
d'en détourner l'autorité ! réduits à ce degré
d'utilité, combien n'offriroient-ils pas encore de
précieux avantages, et combien d'innocentes victimes ne seroient pas arrachées au trépas avant
d'avoir connu la vie !

Mais si l'humanité du gouvernement le porte,
comme on n'en sauroit douter, à concevoir des
établissemens si justement et si universellement
desirés, pouvons-nous espérer que de long-
temps l'état du trésor public lui permette d'é

3

couter la voix du sentiment et de réaliser à cet
égard les vœux de la philosophie? faut-il donc
attendre un avenir encore éloigné, pour remé-
dier au fléau qui nous dévore? vainement nous
opposera-t-on ce principe, dont théoriquement
parlant nous reconnoissons la vérité : *que la
punition d'un délit n'est juste ni nécessaire que
lorsque la loi a employé, pour le prevenir, tous
les moyens possibles.* (1) De son côté, l'humanité réclame la répression d'un crime que l'impunité rend chaque jour plus fréquent, la nature
gémit, la société souffre, le scandale est à son
comble; une loi est indispensable; quelle est
cette loi ? c'est ce qui nous reste à examiner.
Mais avant d'en venir à cette question, il est
bon de résoudre d'abord quelques difficultés qui
pourroient obscurcir la matière.

## §.  I V.

### *Déclarations de grossesse. Arbitraire des jugemens.*

On a beaucoup crié contre l'abus des déclarations de grossesse. Les philosophes, exagérant
( comme c'est l'usage quand il s'agit de détruire )
les combats de la pudeur et de la loi dans le cœur
d'une jeune fille, ont répété d'après Montesquieu,
que l'obligation imposée par l'édit de Henri II
aux filles-mères de déclarer leur grossesse, étoit
le comble de la tyrannie.

Après ce déchaînement universel contre la loi
de 1556, et sur-tout après une autorité pareille

---

(1) Beccaria.

à celle de l'auteur de l'esprit des lois, serai-je
écouté si j'annonce le dessein de relever une institution déclarée tyrannique et barbare ; et bien
que je prétende la dégager de tout ce que la
peine qu'elle infligeoit avoit de révoltant, ne
dois-je pas craindre de soulever contre moi l'indignation publique au seul mot de déclaration?
Mais quelle que soit la force du préjugé que l'on
m'oppose, je veux et je dois achever la carrière
où je me suis engagé dans la seule vue d'être
utile.

Et d'abord, qu'on cesse de s'alarmer sur les pré-
tendus tourmens d'une pudeur que nous voyons
s'évanouir tous les jours ! en vain voudroit-on,
dans un siècle de corruption toujours croissante,
attribuer le crime de l'infanticide à la crainte du
déshonneur et au désespoir de la honte ; combien le législateur ne devroit pas s'applaudir de
trouver encore dans le cœur des coupables ce
frein puissant qui n'arrête pas toujours le crime,
mais qui sert du moins à le réprimer et à en
empêcher la contagion ! Non, les filles-mères ne
sont plus d'innocentes victimes des foiblesses de
l'amour ; une déplorable expérience nous prouve
que la débauche ou la misère sont les divinités
funestes auxquelles elles sacrifient la nature d'un
bout de l'Europe à l'autre. Quelle prise auroit
la honte sur des femmes qui font de la prosti-
tution un système ou un métier, et quels ména-
gemens ces êtres dégradés méritent-ils du législateur ?

Ce n'est pas qu'on ne puisse rencontrer encore quelques infortunées, dans le cœur des-
quelles l'innocence ait survécu à la perte de la
vertu, et pour qui la nécessité de révéler une
chute honteuse seroit le plus affreux des tour-

miens ; mais, d'une part, nous avons reconnu
que les moyens proposés par la philosophie
pour rassurer leur foiblesse et ensevelir leur
opprobre, outre qu'ils sont dangereux en morale et peut-être moins efficaces qu'on ne le
pense, sont du moins impraticables pendant
long-temps encore.

Ne peut-on pas dire, d'ailleurs, que la connoissance du supplice de la révélation dont la
loi les menace, sera pour elles un préservatif
puissant contre les séductions ; et enfin, que si
quelques-unes succombent, l'exemple de leurs
déchiremens et de leur ignominie deviendra du
moins une leçon terrible pour toutes les jeunes
personnes que la vertu seule n'eût pas été ca-
pable de retenir dans le sentier du devoir ?

D'un autre côté, on conçoit sans peine les
avantages que présente le système des déclarations de grossesse. En fixant sur ce point unique
la vigilance du magistrat et les menaces de la
loi, on frappe l'imagination de la mère dès les
premiers instans de sa conception illégitime,
et l'on étouffe le crime, pour ainsi dire, avant
que de naître ; tout au moins s'épargne-t-on le
scandale d'une recherche infructueuse et d'une
impunité funeste qui expose la justice à gémir,
à rougir de son impuissance. Dans la poursuite
du crime d'infanticide tout est vague, tout est
enveloppé d'un nuage impénétrable : dans la
poursuite du défaut de déclaration, il n'y a
rien que de positif, de clair, de facile à établir.
Le fait de l'homicide est toujours incertain, le
fait relatif à la déclaration ne sauroit l'être. Il
ne faut ni témoins, ni jurés dans une affaire de
cette nature ; un registre existe, il fait foi.

Mais, nous-dit-on, quels effets donnerez-vous

à ces déclarations? allez-vous faire revivre l'abus des dispensations arbitraires de paternité? exposerez-vous, comme jadis, les citoyens les plus recommandables, à rougir de l'allégation calomnieuse d'une prostituée, à supporter le tribut honteux et injuste que le vice leur imposoit? (1) enfin, ne craignez-vous pas de renouveler le scandale de la justice, ajoutant plus de foi à la déclaration d'une fille déshonorée qu'à celle de l'homme le plus respectable?

Je sens toute la force de cette objection; cependant qu'on me permette d'y répondre!

D'abord je la ferois porter à faux, si j'annonçois que mon objet n'est pas le rétablissement des déclarations de paternité, mais des déclarations de grossesse, ce qui est totalement différent; car enfin on peut défendre à l'officier public de consigner dans son registre le nom du père de l'enfant qu'on lui déclare; ce n'est pas le père que la loi veut connoître, c'est l'enfant qu'elle veut signaler, quel que soit l'auteur de ses jours.

En second lieu, quand on proposeroit même, pour prévenir l'infanticide, de rétablir en certains cas les déclarations de paternité, ne seroit-il pas pas possible de régulariser ce moyen et de lui enlever tout ce qu'il a d'arbitraire et de

_____

(1) On raconte à ce sujet un fait assez singulier arrivé à Londres il y a une trentaine d'années. Une fille va se déclarer grosse chez un juge de paix. Qui t'a fait cet enfant, dit le juge. — Monsieur, je n'en sais rien. — Il faut pourtant que tu lui donnes un père. — Mais, monsieur, j'ignore qui me l'a fait. — N'importe, jure toujours, cherche un père, il en faut un. — Eh bien, monsieur, puisqu'il en faut un, autant vous qu'un autre. — Et l'honnête juge fut obligé de payer.

révoltant ? ne pourroit-on pas le soumettre à l'épreuve des discussions judiciaires ?

Enfin, quand on iroit jusqu'à croire utile, en quelques circonstances, de s'en rapporter provisoirement au témoignage plus que suspect d'une femme dégradée, mettroit-on en balance le léger désagrément, le léger sacrifice que l'honnête homme auroit à supporter, dans cette supposition, avec l'avantage incalculable de sauver un innocent que menaçoit le désespoir de sa mère indigente ?

En un mot, sous quelque point de vue qu'on envisage le système que je soutiens, les inconvéniens qui en résultent sont plus que compensés par l'utilité qu'il présente.

La nécessité des déclarations une fois établie, il me reste à faire connoître la manière dont je conçois mon plan, et l'espèce de sanction que je voudrois donner à la loi.

On s'attend bien, d'après tout ce que j'ai dit, que je ne proposerai pas le rétablissement de la peine atroce décernée par l'édit de Henri II. Il faut une peine douce, mais suffisante ; il faut une peine graduée et qui se plie en quelque sorte à la diversité des circonstances. Mais je me sens arrêter par une difficulté nouvelle qu'il faut d'abord éclaircir. Il y a dans tout ceci une fatalité singulière, c'est que je me trouve à chaque pas en opposition non-seulement avec des opinions fortement enracinées, mais encore avec les noms les plus illustres et les plus habiles écrivains ; c'est pourquoi je supplie que l'on m'écoute avec quelqu'indulgence, et que l'on me juge sans prévention.

Depuis que la main de la philosophie a osé soulever le voile mystérieux qui couvroit le sys-

tème social, un abus a frappé tous les yeux,
celui qui résulte du pouvoir arbitraire confié
aux dispensateurs de la justice humaine : on
s'est demandé s'il étoit vrai que les hommes, en
formant le pacte primitif, eussent pu consentir
à soumettre tout ce qu'ils ont de plus précieux,
propriété, liberté, honneur, et jusqu'à leur
vie même, au caprice de leurs semblables ; on
a soutenu avec fondement que l'empire de la
loi, organe de la volonté publique, étoit le seul
raisonnable et le seul juste ; et l'on a induit de
ces principes la nécessité de circonscrire, en
matière criminelle sur-tout, l'autorité des tribunaux. C'est principalement dans les gouvernemens républicains qu'on a voulu établir la
fixité des jugemens, comme plus favorable à la
liberté qui est l'ame de ces gouvernemens. Tous
les philosophes du dernier siècle, Montesquieu
à leur tête, ont prêché avec une sainte ardeur
cette doctrine que la raison et la vérité ap-
prouvent et proclament à l'envi. Mais en s'ar-
mant de tout leur courage pour renverser l'un
des plus grands fléaux de l'ordre social, ils ne
se sont pas arrêtés au point fixe que la sagesse
sembloit leur indiquer, et ont peut-être outre-
passé les justes bornes. La vérité même a ses excès
et ses abus, d'autant plus dangereux qu'ils ont une
source plus respectable.

. Je suis bien éloigné de contester le principe
qui sert de base à l'opinion que je combats ; je
veux seulement faire sentir le péril des exagé-
rations en matière de morale publique, ce que
je n'aurai pas grand'peine à persuader.

Les mêmes philosophes qui dénoncent à l'univers le despotisme de l'arbitraire des jugemens,

lui dénoncent en même temps, et avec une égale raison, l'iniquité des lois disproportionnées. Ainsi donc ils veulent, d'une part, faire du magistrat l'organe machinal et pour ainsi dire matériel de la loi, et d'autre part ils veulent que la peine fléchisse sous la diversité des circonstances et n'excède jamais une juste mesure. Ils exigent plus encore, ils prétendent que le code des lois répressives soit court et simple, qu'il devienne entre les mains du peuple le premier épouvantail du crime et comme le catéchisme de la morale.

Or, pour peu qu'on veuille y réfléchir, il est aisé de sentir l'incohérence et, si l'on peut s'exprimer ainsi, l'*inconciliabilité* qui règne entre ces différentes idées.

On veut que la loi prévoie tous les cas, et l'on veut que la loi soit courte et simple! on veut que le juge n'ait en quelque sorte besoin que de savoir lire, et l'on veut que la plus exacte justice règne dans la distribution des châtimens! Mais s'est-on donné la peine de sonder les profondeurs du cœur de l'homme, et de distinguer les millions de motifs différens qui règlent tour-à-tour, ou justifient, ou aggravent ses actions? a-t-on réfléchi à la multitude inimaginable de combinaisons que présente chaque espèce de délit, à la prodigieuse variété de circonstances et d'intentions qui rendent à chaque instant le crime différent de lui-même, à toutes les distinctions nécessaires qui résultent de l'âge, du sexe, de l'éducation; en un mot, à toutes les nuances également délicates et innombrables qui servent à caractériser la moralité des actions humaines?

Il existe un ouvrage peu connu, mais original, qui peut donner une idée de l'impossibilité de prévoir dans la confection de la loi tous les cas imaginables : c'est un discours de quarante pages sur les obstacles à une bonne législation, particulièrement en matière criminelle, qui parut il y a environ vingt ans, et que l'on attribue à un M. d'A.... fiscal général à Berlin. Cet auteur a eu la patience de calculer par approximation les principaux points de vue sous lesquels on peut considérer le vol simple, en négligeant toutefois une foule de circonstances particulières ; et il a trouvé pour résultat qu'en supposant chacune des lois relatives à ce délit, conçue en deux lignes seulement, il faudroit tout au moins vingt-un millions de volumes in-folio de deux milles pages chacun pour renfermer le code de la législation sur le seul article du vol. Ajoutez, dit-il, à cette effrayante collection la solution des difficultés qu'on rencontre dans l'examen des affaires criminelles, les règles de certitude, celles relatives à la classification des faits, à la nature des preuves, à la crédibilité des témoins, à celle que mérite dans les différentes circonstances la déclaration de l'accusé soit pour ou contre lui-même, toutes règles nécessaires au juge dans l'administration de la justice, et que le législateur doit déterminer s'il veut fermer tout accès à l'arbitraire, etc., etc. Après cela, cherchez un fil pour sortir de ce labyrinthe !

Assurément je suis bien éloigné d'accorder une foi entière aux calculs de M. d'A...... qui, s'ils n'étoient pas attribués à un grave magistrat et sur-tout à un allemand, pourroient être regardés comme l'ouvrage d'une imagination en délire ou d'un moment de gaieté (1); sur-tout si l'on ajoute qu'au lieu de briser ses tablettes à la vue d'un chaos si monstrueux, l'auteur cherche sérieusement à traverser par l'analyse les sinuosités de ce dédale impénétrable. Mais en réduisant son calcul de vingt-un millions de volumes à un seul, à la moitié d'un si l'on veut, quel fatras épouvantable de lois ne reste-t-il pas encore à faire à ceux qui veulent épuiser dans leur code pénal toutes les combinaisons que peuvent offrir les délits de toute espèce ! et cependant on ne peut nier que les délits ne se présentent toujours sous des faces différentes, et l'on convient que la loi, pour être juste, doit se varier suivant les cas.

Que l'on convienne donc aussi que le dessein d'embrasser en peu de mots ou en beaucoup de mots tout le système de la législation pénale, est une pure chimère ! Il est temps d'en revenir aux idées saines, et de quitter une fois pour toutes le sentier hasardeux des abstractions morales. Comment n'est-on pas épouvanté de l'inflexibilité de la loi frappant le plus souvent au hasard, sans guide ni mesure, tandis que l'équité au contraire, qui est la vraie justice ou qui est du moins son éternelle base, se prête complaisamment à tous les cas, et modifie ses arrêts suivant la modification des temps, des lieux,

_____

(1) Voici comme opère M. d'A... Il divise en dix-sept colonnes fondamentales les dix-sept principales données à observer en matière de vol, et porte sous chaque colonne respective les diverses positions accessoires où le voleur peut se trouver; il multiplie ensuite le nombre des positions de la première colonne par celles de la seconde, ce produit par le nombre des positions de la troisième, et ainsi de suite jusqu'à la dix-septième.

des personnes et des circonstances? Par quelle fatalité redoute-t-on ce système de l'équité dans la législation criminelle, qui a pour objet les premiers intérêts des hommes; tandis qu'on le suit avec tant de fidélité et d'avantage dans la législation civile, qui n'a pour objet que des intérêts si foibles en comparaison de la liberté, de l'honneur, de la vie?

Cependant, en combattant une exagération que je crois dangereuse, je me garderai bien de tomber dans l'exagération contraire. Si je vois de funestes abus dans l'inflexibilité des lois, je n'en vois pas moins dans l'arbitraire des jugemens.

Le problème consiste donc à marcher entre ces deux écueils. Ainsi le législateur évitera l'un et l'autre, si, prévoyant tous les délits qui troublent ou compromettent l'ordre de la société, et fixant le maximum de la peine que mérite chacun d'eux, il interdit aux tribunaux la faculté d'excéder ce maximum, abandonnant d'ailleurs à leur conscience le soin de graduer cette peine et de la varier à l'infini suivant les circonstances.

Telle est la marche qu'a suivie notre législation en matière de police correctionnelle, et l'expérience se joint au raisonnement pour en faire sentir l'inappréciable utilité.

Vainement nous objecteroit-on avec un ardent défenseur de l'opinion contraire (1), que le droit de punir étant fondé uniquement sur le

---

(1) L'avocat général Servan, d'après Montesquieu, Jean-Jacques Rousseau, Beccaria. Presque tous les philosophes modernes se sont rangés sous cette bannière.

Mais on compte pour l'autre système les plus respectables suffrages, Cicéron, Sénèque, Grotius, Puffendorf, Burlamaqui, Heineccius, et de nos jours Paul Rizzi, savant avocat de Milan, Pastoret, etc.

consentement tacite donné par chacun au pacte
social, la loi qui condamne le coupable peut
être considérée comme un arrêt prononcé en
quelque sorte par lui contre lui-même, et qu'il
n'en est plus ainsi lorsque la volonté du juge
est substituée à celle de la loi.

. Outre que rien n'est moins concluant que ces
raisonnemens abstraits, quand il s'agit d'une
pure question de fait et d'expérience, ne peut-
on pas dire, en adoptant la supposition des ad-
versaires, que la difficulté est toujours résolue
si, comme nous l'avons dit, le juge ne peut
jamais abandonner la loi que pour en adoucir
les dispositions; car le coupable ayant voulu
plus de rigueur contre lui-même, quel tort lui
fait-on en mitigeant son propre arrêt ?

D'ailleurs, n'oublions pas que nous jouissons
en France du grand bienfait de la publicité des
jugemens criminels, la première, la plus par-
faite, et à vrai dire la seule garantie que les
hommes aient pu donner à l'innocence contre
les abus du pouvoir ou les erreurs de la justice.

Après avoir écarté les principaux obstacles
qui s'opposoient à notre marche, hâtons-nous
d'arriver à la solution du problème que nous
nous sommes proposés. Il s'agit d'abord de prévenir, autant qu'il est possible, le crime de
l'infanticide. Il s'agit, en second lieu, de déterminer la peine qu'il mérite, si l'on est assez
malheureux pour n'avoir pu l'empêcher.

## §. V.

*Moyens de prévenir ou de punir l'infanticide.*

Pour remplir le premier de ces objets, qui est le principal à mes yeux, deux moyens se présentent : l'un que nous avons reconnu équivoque et dangereux, et sur-tout d'une exécution impossible jusqu'à présent, je parle des établissemens d'accouchemens ; l'autre très-simple, déjà connu, d'une exécution aussi efficace que facile, je veux dire l'admission des déclarations de grossesse et, en certains cas, des déclarations de paternité.

Je dis que la nécessité des déclarations de grossesse est un moyen efficace, si l'on suppose sur-tout que les tribunaux aient la faculté de choisir entre la peine d'opinion ou la peine positive, et de les modifier l'une par l'autre, sans pouvoir excéder, comme je l'ai annoncé, la limite que la loi aura fixée. Et en effet, quelle est la mère coupable qui osera, qui voudra se soustraire à l'obligation qui lui est imposée ? est-ce la prostituée ? Mais une peine corporelle l'attend. Est-ce la femme adultère ? Mais le scandale d'une condamnation flétrissante et inévitable seroit pire mille fois pour elle, que la déclaration à l'officier public ne lui causera de honte. Est-ce enfin la jeune infortunée qui a conservé la dignité de son être, même après la perte de son innocence ? Mais la crainte de l'infamie que les tribunaux verseroient infailliblement sur elle, frappera son imagination et l'emportera dans son esprit sur les alarmes de la pudeur. (1)

Je dis que l'admission des déclarations de paternité peut servir efficacement à prévenir l'infanticide, si l'on convient avec moi que la misère puisse armer le bras d'une mère contre le fruit de son libertinage. Je dis que ce moyen est utile sans être dangereux, si on le réduit au seul cas de l'indigence légalement constatée, si on en fait l'objet d'une discussion juridique, si le tribut levé sur l'honnête homme faussement accusé n'est jamais que provisoire, s'il peut recouvrer les avances qu'il a faites, et sauver son honneur offensé, si l'homme qui n'est pas riche est dispensé de tout sacrifice pécuniaire, si la fausseté de la déclaration attire à la malheureuse qui l'auroit hasardée une peine suffisante, en un mot, si toutes les précautions sont prises pour ôter aux dispensations de paternité tout ce qu'elles avoient d'abusif et d'odieux.

D'après ces considérations, voici comment je croirois avoir résolu la première partie de la question.

Je chargerois un notaire, ou le juge de paix du canton, ou tout autre officier public, sur la gravité duquel la loi devroit compter, du dépôt du registre des déclarations.

Chaque fille ou femme qui auroit succombé à un amour illégitime, seroit tenue de se présenter à l'officier public de son canton ou de tout autre, de lui déclarer sa grossesse ainsi que

---

(1) La douceur d'une peine que l'on ne peut éviter, fait mille fois plus d'impression que la rigueur outrée d'un supplice auquel on peut espérer d'échapper. *Beccaria.*

ses nom, prénom, profession et domicile, et
ceux de ses père et mère.

Si la déclarante étoit sans domicile connu,
elle devroit déclarer du moins le lieu de sa
naissance ; et dans ce cas elle seroit envoyée
sur-le-champ par la police du canton, sur l'avis
de l'officier public, à l'hospice le plus voisin,
pour y être soignée pendant sa grossesse et son
accouchement aux frais de la commune de sa
naissance, et l'enfant élevé dans ledit hospice
aux dépens de ladite commune. Ces frais seroient
avancés par le receveur du canton où la déclaration seroit faite, sauf à recouvrer ainsi qu'il
vient d'être dit ; et dans le cas où il y auroit
impossibilité de connoître le lieu de naissance
de ladite déclarante, le trésor public seroit
chargé des frais dont il s'agit. (1)

L'officier public qui auroit reçu la déclaration d'une fille ou femme étrangère à son canton, devroit en écrire sans délai au maire ou
autre officier chargé de la police dans le canton
du domicile ou du lieu de naissance de la déclarante, et en donner également avis au ministre
de la police générale.

Il seroit défendu à l'officier public de recevoir et de consigner dans son registre aucune
déclaration de paternité, sauf en un cas seu-

---

(1) Il est utile d'intéresser les administrations locales à
s'opposer, autant qu'il est possible, au vagabondage de ces
êtres inutiles qui vont traînant par-tout le scandale de leur
misère et de leur ignominie ; mais, en dernière analyse,
c'est à la puissance publique à leur tendre les secours qui
leur sont nécessaires, à moins qu'on ne préfère amortir dans
chaque département ou chaque canton une modique portion des centimes additionnels pour subvenir à ces dépenses
dont les occasions ne se présenteroient que rarement.

lement, savoir celui où la déclarante lui justifieroit de son indigence par un certificat en forme du conseil général de sa commune.

Ce certificat ne seroit délivré qu'à celles qui ne jouiroient pas, tant en propriété qu'en industrie ou salaires, d'un revenu équivalent à la somme de deux cents francs, plus soixante francs par chaque personne à leur charge, soit père ou mère, enfant, frère ou sœur, ou allié aux mêmes degrés, ou dont les père et mère ne jouiroient pas, tant en propriété qu'en industrie ou salaires, d'un revenu équivalent à la somme de quatre cents francs, plus soixante francs par chaque personne à leur charge, comme il vient d'être dit. (1)

Aucune fille ou femme déclarante ne seroit admise à faire deux déclarations pour le même fait.

L'officier public qui auroit reçu une déclaration de paternité, seroit tenu d'en donner avis sur-le-champ 1°. à l'individu qui en seroit chargé, 2°. au juge de paix du canton où seroit domicilié cet individu.

L'individu chargé de la paternité seroit obligé de consigner (dans le mois de l'avis légal qui lui en seroit donné), entre les mains du receveur de son canton, une somme de deux cents francs. (2)

Cette somme devroit être versée dans la caisse de l'hospice le plus voisin par la personne qu'un ordre écrit de l'officier de police auroit chargé

---

(1) On ne fixe ici le taux de l'indigence que par forme d'indication. Ce taux doit varier suivant la valeur des espèces, etc.

(2) V. la note précédente. On pourroit aussi diviser le paiement en plusieurs termes.

de déposer dans ledit hospice l'enfant de la déclarante aussitôt après son accouchement, sans qu'en aucun cas il fût permis de remettre ladite somme ou partie d'icelle, directement ou indirectement, entre les mains de la fille ou femme déclarante, sauf ce qui seroit jugé nécessaire par le juge de paix, sur l'avis d'un officier de santé, pour les frais de gésine de la mère, etc.

· Tout individu chargé d'une déclaration de paternité pourroit se dispenser de la consignation dont on vient de parler, en représentant au juge de paix de son canton un certificat en bonne forme du conseil général de sa commune, constatant qu'il ne jouit pas d'un revenu suffisant tant en propriété qu'en industrie ou salaires. Ce revenu pourroit se calculer de la manière suivante.

Pour un garçon ou veuf, un revenu équivalent à la somme de quatre cents francs, plus cent francs par chaque personne, soit enfant, père, mère, frère, sœur, ou alliés aux mêmes degrés qui seroient à sa charge.

Pour un garçon ou veuf sans enfans, à la charge de ses parens, un revenu pour ces derniers équivalent à la somme de huit cents francs, plus cent francs pour chaque parent ou allié aux degrés ci-dessus exprimés, qui seroient à leur charge.

· Pour un homme marié, le même revenu de huit cents francs, plus les cent francs par chaque personne à sa charge, comme il vient d'être dit.

Dans les cas d'insuffisance de revenus que l'on vient de détailler, le gouvernement devroit se charger de la consignation des deux cents francs, ainsi qu'il a été dit, sauf à intenter, au nom du père putatif, l'action correctionnelle dont il va être parlé tout-à-l'heure. (1)

Tout individu ne représentant pas le certificat en question, pourroit être contraint, par
saisie et vente de ses meubles, à la consignation
des trois cents francs dont il s'agit.

Cette consignation ne seroit que provisoire,
et il seroit loisible à l'individu qui l'auroit faite
d'intenter à la mère déclarante, après son accouchement, une action par-devant le tribunal correctionnel de l'arrondissement de cette dernière,
pour être déchargé de la paternité.

Si la paternité lui étoit déférée par le jugement qui interviendroit, il pourroit être con-
damné à une amende de cent francs au plus, et à
une indemnité envers la déclarante, qui ne pourroit excéder soixante francs, ni être au-dessous
de quarante francs; et en cas d'insuffisance de
revenu, l'amende et l'indemnité pourroient être
converties en une détention, dans une maison
de travail, de quatre mois au plus et d'un mois
au moins.

S'il étoit déchargé de la paternité, le tribunal lui
décerneroit exécutoire sur la caisse du receveur
qui auroit touché ladite somme de deux cents fr.
pour recouvrer cette somme, avec faculté de
faire imprimer le jugement à ses frais par-tout
où il jugeroit à propos; et condamneroit la
déclarante à un an au plus ou six mois au
moins de détention dans une maison de travail,
si mieux elle n'aimoit s'obliger, sous bonne et
suffisante caution, de rétablir dans l'année la
somme dont il s'agit entre les mains dudit re-

_____

(1) On pourroit encore se procurer cette somme par le
moyen de l'amortissement d'une portion des centimes additionnels, comme nous l'avons dit plus haut.

ceveur. En ce dernier cas elle pourroit être condamnée à une amende de cent francs au plus, ainsi qu'il vient d'être dit.

Le père putatif seroit aussi admis à répéter la somme par lui déposée, en cas que l'enfant fût né mort, ou du moins qu'il fût mort avant d'entrer à l'hospice, ou que la mère eût avorté, et ce par une simple requête adressée au tribunal correctionnel de son arrondissement, et appuyée de pièces en bonne forme pour justifier du fait allégué ; mais il n'y auroit plus lieu à ladite répétition quand même l'enfant seroit mort en entrant audit hospice, etc.

Toute action en déclaration de paternité, et toute demande en revendication de la somme consignée, seroit prescrite par trois mois à compter du jour de l'accouchement prématuré ou non de la déclarante.

Toute action ou réclamation de cette nature devroit être jugée dans les trois mois, à compter du premier exploit ou de l'enregistrement de la requête. (1)

---

(1) Je connois toutes les objections que l'on oppose au système des déclarations de paternité ; mais après y avoir long-temps réfléchi, je ne crois pas qu'il existe un autre moyen de prévenir l'infanticide, dans le cas beaucoup moins rare qu'on ne pense, où l'indigence pourroit porter à le commettre, à moins qu'on ne veuille faire porter en ce cas tous les frais sur le trésor public, ce qui me paroit difficile et peu sûr.

Je crois en outre avoir aplani une grande partie de ces objections, au moyen des précautions que je propose.

J'observe enfin que si, contre toute apparence, on étoit moins effrayé du mal que du remède, et si l'on aimoit mieux laisser une lacune dans la loi que d'adopter le système dont il s'agit, la partie de mon projet qui est relative aux déclarations de paternité, est indépendante du plan général, et peut aisément en être retranchée.

Toute fille ou femme qui, se trouvant dans
le cas de la loi, auroit négligé ou omis de faire
sa déclaration de grossesse entre les mains de
l'officier public de son canton ou de tout autre,
ou qui ne constateroit pas du moins qu'elle a fait
cette déclaration à tout autre membre d'une
autorité administrative ou judiciaire quelconque
de son canton ou de tout autre, seroit traduite
*de plano* au tribunal criminel, et jugée publiquement dans les trois mois de la connoissance
légale du délit. (1)

La peine pourroit être graduée suivant les
cas, ainsi qu'il suit : si l'enfant dont elle seroit
accouchée en secret étoit vivant, détention correctionnelle qui ne pourroit excéder deux ans
ni être moindre de six mois, en outre affiche
du jugement à ses frais ou aux frais de l'état,
suivant les circonstances, dans toutes les com-
munes de son arrondissement, et publication
de ce même jugement au prône de sa paroisse
ou succursale, et autres paroisses de l'arrondissement, pendant trois dimanches consécutifs, ou
à l'issue des exercices religieux dans les temples
protestans ou calvinistes dudit canton.

Si son enfant étoit né mort, et qu'elle ne
fût pas prévenue d'y avoir contribué, ou que,
par le résultat des poursuites criminelles faites
contr'elle, elle fût déclarée *absolument innocente
de cette mort*, elle ne seroit soumise qu'à la
peine du défaut de déclaration de grossesse.

Que si après ces poursuites, elle n'étoit point

---

(1) Je désigne le tribunal criminel à cause de la publicité et de la solennité de ses audiences. C'est une innova-
tion que j'introduis, je le sens ; mais la loi déroge aux dispositions précédentes, etc.

déclarée *absolument innocente*, elle pourroit être
condamnée à une détention de six ans au plus
et de quatre ans au moins; en outre le tribunal pourroit insérer dans son jugement ces
mots : *véhémentement soupçonnée d'infanticide*.
Pour cela, le tribunal criminel seroit tenu de
s'expliquer ou sur *l'innocence absolue* de l'accusée, ou sur les soupçons, etc.

Le tribunal pourroit modifier les peines ci-
dessus ainsi qu'il le croiroit convenable, mais
sans sortir du cercle qui lui est tracé.

Toute fille ou femme qui auroit fait sa déclaration de grossesse, et qui seroit néanmoins
convaincue d'avoir homicidé son enfant, en-
courroit par là même le maximum de la peine
prononcée contre l'infanticide.

Tout magistrat autre que l'officier public,
spécialement chargé du registre des déclarations,
qui seroit convaincu de n'avoir pas transmis audit officier public les déclarations de grossesse
qui lui auroient été faites, pourroit être con-
damné à une amende de mille francs au plus
et de cinq cents francs au moins, avec impression et affiche du jugement à ses frais suivant
les cas.

L'officier public qui auroit refusé ou négligé
de recevoir une déclaration de grossesse, encour-
roit la même peine, et l'amende pourroit être
portée contre lui jusqu'à douze cents francs, sans
pouvoir jamais être au-dessous de six cents.

En cas de récidive, les différentes peines ci-
dessus détaillées pourroient être aggravées, etc.

Il seroit tenu la main à ce que la loi proposée
fût annoncée et lue exactement de trois mois
en trois mois au prône de la messe paroissiale,

5

ou à l'issue des exercices religieux dans les temples des protestans et calvinistes; en outre, publiée le 1er. vendémiaire de chaque année, à son de trompe ou de caisse, par le maire ou adjoint de chaque commune.

Je ne doute pas qu'une pareille loi que l'autorité publique trouveroit sans doute moyen de perfectionner encore, ne fût un frein suffisant pour arrêter et prévenir la plupart des crimes d'infanticide.

Mais je suppose que, malgré tant de précautions de la part du législateur, et tant de surveillance de la part de la police sans cesse provoquée et agissante, le crime pût encore échapper quelquefois aux liens dont on auroit cherché à l'envelopper, il ne resteroit plus qu'à gémir sur la foiblesse et l'insuffisance de la prudence humaine; il ne resteroit plus qu'à punir : du moins on n'auroit plus à reprocher au législateur d'employer une injuste rigueur au lieu d'une prévoyance utile dont il auroit épuisé tous les ressorts. Ceci nous ramène à la seconde partie de notre question, savoir quelle peine on doit infliger à l'infanticide.

A ne considérer l'infanticide que comme un délit purement social, ce qu'il ne seroit peutêtre pas impossible d'établir, il n'en est pas moins digne de toute la sévérité des lois. Ce qui ajoute encore à la nécessité de sévir contre un tel crime, c'est la facilité de le commettre et de le dérober à la vigilance des magistrats. Enfin cette nécessité devient plus grande encore, si l'on a pris tous les soins possibles pour l'arrêter à sa naissance. Cependant il ne faut pas oublier ( et qu'ai-je besoin de le répéter? ) qu'une ri-

gueur sans proportion et sans mesure, outre le
scandale de l'injustice qui l'accompagne toujours,
conduit infailliblement à un autre scandale non
moins funeste, celui de l'impunité.

Cherchons donc cette proportion exacte et
cette juste mesure qui n'est autre chose que
l'équité ; nous ne la trouverons que dans une
idée précise de la nature et de la gravité du
délit.

Inutilement essaierions-nous de nous représenter tous les points de vue différens sous lesquels on peut considérer l'infanticide. Mais quelle
utilité nous offriroit une recherche si pénible,
quand nous nous en rapportons à la prudence
des tribunaux sur les milliers de circonstances
qui peuvent l'aggraver ou l'atténuer ? Notre but
étant uniquement de fixer le maximum et le
minimum de la peine, nous devons envisager
le délit, abstraction faite de ses différens degrés
de moralité.

Or, l'infanticide en lui-même est un attentat qui nuit à la société beaucoup plus qu'à
l'individu, et qui nous paroît outrager la
morale et l'humanité plus qu'il ne viole les lois
de la nature. En un mot, à nos yeux l'homicide de l'enfant qui n'est pas né ou qui vient
de naître est tout au plus un meurtre. Le maximum de la peine qu'il mérite ne peut donc
excéder en rigueur celle qu'on inflige à ce dernier crime. Nous croyons même que la peine
capitale ne devroit jamais être appliquée à l'infanticide considéré comme assassinat, qu'il seroit
plus juste et plus prudent tout-à-la-fois de la convertir en une détention prolongée dans une maison
de travail forcé, ne fût-ce que pour rassurer

l'imagination des jurés et assurer ainsi la punition du crime. (1) Quant au minimum, il ne
peut être au-dessous de la peine la plus grave
que nous avons proposée contre le défaut de
déclaration de grossesse, y joint l'exposition,
l'écriteau : *Mère homicide*, et la publication du
jugement, etc.

Mais on jugera mieux du mérite de notre système en le comparant aux vues qui ont été pré-
sentées sur la même matière par deux auteurs
modernes.

L'un propose de rétablir le supplice dont les
égyptiens punissoient l'infanticide ; savoir, de
promener le coupable ou la coupable, pendant
un certain nombre de jours, au milieu des
places publiques, tenant entre ses bras le cadavre de sa victime (2), supplice affreux pour
certains coupables, mais nul pour le plus grand
nombre, et d'ailleurs tout-à-fait en contradiction
avec nos mœurs.

---

(1) En général, que le droit de décerner la peine de
mort contre les coupables appartienne ou non à la société,
ce que nous ne devons ni ne voulons examiner en ce moment, toujours est-il vrai de dire que cette peine est un
véritable fléau sous un régime de jurés, et une source funeste d'impunité et de scandale. Nous en avons eu à Dijon
un exemple frappant : Un incendiaire est en même temps
accusé d'un vol simple ; le crime d'incendie est avéré, celui
de vol est beaucoup moins certain. S'il n'eût été qu'incendiaire, les jurés n'eussent peut-être pas osé l'acquitter ; mais
il est en même temps voleur : on déclare constant le fait
douteux, et non constant le fait avéré.

On a beau nous faire un devoir de fermer les yeux sur
la peine, il n'est aucun juré qui, avant d'aller juger, ne
consulte son code pénal ; et peu se soucient d'être magistrats de mort !

(2) Discours prononcé à Besançon, en 1779, sur la
nécéssité de supprimer les peines capitales.

L'autre, portant ses regards sur les principales divisions de ce crime, punit différemment suivant les différens cas.

Il veut que la mère qui a exposé son enfant, soit admonestée en cas qu'elle n'ait pas porté son enfant *en lieu de sureté*, et condamnée en outre *à une amende et une aumóne* au profit des pauvres orphelins; de plus, *ses biens* confisqués au profit de l'enfant exposé si elle n'en a pas d'autres, et si elle en a, intérêts civils adjugés à ces enfans *sur la masse desdits biens* avant tout partage.

Que si l'enfant exposé est mort sans le fait direct de la mère, outre *l'amende et l'aumóne*, réclusion dans un hôpital, ou relégation aux îles à perpétuité, avec *défense de revenir sous peine de mort.*

Enfin, si l'enfant est mort par le fait direct de la mère, peine de l'infanticide proprement dit.

Cette peine de l'infanticide ou suppression de part consisteroit, selon l'auteur, en une *amende, aumóne*, amende honorable avec écriteau portant ces mots : *Mère homicide;* puis LA PERTE DE LA VIE DEVANT LE CADAVRE DE L'ENFANT.

Contre l'avortement *involontaire*, s'il a lieu après le recelé de la grossesse et *dans les quarante jours d'icelle, amende, aumóne*, et réclusion à temps dans une maison de force après l'amende honorable sèche. Dans la même hypothèse, mais *après les quarante jours de la grossesse*, même peine, sauf que la réclusion seroit perpétuelle ou remplacée par *la relégation aux îles sous peine de vie.* Contre l'avortement *volontaire,* peine de l'infanticide proprement dit. (1)

Quant à nous, nous croyons inutile d'entrer dans tous ces détails de prévoyance qui sont même bien loin d'être suffisans.

L'exposition de l'enfant, dans notre hypothèse, donne lieu à la peine du défaut de déclaration ( non compris, ce qui est de toute justice, les recherches civiles si l'enfant est vivant, et s'il a été recueilli ou par l'état ou par des particuliers.)

Si l'enfant est mort, l'exposition peut devenir, suivant les circonstances, un assassinat ou un meurtre : c'est aux tribunaux à juger de ces circonstances, et à infliger ou la peine de ces crimes, ou une peine moindre mais plus forte que celle du défaut de déclaration, ou du moins cette dernière peine qui est toujours inévitable.

Il en faut dire autant de l'avortement involontaire ou forcé. L'avortement forcé est un meurtre, l'avortement involontaire ne présente de délit positif que le défaut de déclaration qui est prévu.

En un mot, les deux points extrêmes étant clairement déterminés, les juges ne peuvent ni s'arrêter en deçà, ni passer outre, et dans tous les cas le crime ou la négligence est toujours sûre de trouver la peine qui lui est due.

Il ne nous reste plus qu'une seule observation ; c'est qu'il est bon, dans toutes les suppositions, de laisser les tribunaux maîtres de mêler le supplice de la honte à la peine corporelle contre les coupables convaincus d'infanticide ; ce qui ne détruit pas les principes que nous avons établis, puisque la peine réelle étant

_____

(1) Discours sur les lois pénales, qui a obtenu l'accessit à l'académie de Châlons-sur-Marne en 1780.

mise par la loi à leur disposition , ils ne peuvent
que la tempérer en la transformant quelquefois,
s'il y a lieu, en peine d'opinion. (1) Et c'est ainsi

---

(1) On n'emploie pas assez la honte comme châtiment :
peut-être, en la graduant, en obtiendroit-on les plus utiles
effets dans une nation que l'opinion gouverne principalement, et qui sacrifie à la chimère heureuse de l'honneur.

Qui sait même si, à défaut de ces freins domestiques que
la révolution a brisés, on ne pourroit pas s'en servir pour
réprimer certains vices que les lois n'atteignent pas, et qui
sont pourtant presque toujours la source des crimes? pourquoi l'œil d'une magistrature particulière ne seroit-il pas
chargé de surveiller les scandales de l'immoralité; et sans
porter dans l'intérieur des familles le flambeau de la loi,
pourquoi le magistrat ne saisiroit-il pas en quelque sorte,
au moment de leur explosion, ces éclats de perversité et
de corruption qui sont d'un si funeste exemple, et que l'impunité rend plus contagieux encore? pourquoi ne rétabli-
rions-nous pas, en un mot, cette infamie de fait que les
romains versoient sagement sur le fils peu respectueux, sur
l'ingrat, le débauché, l'homme sans principes et sans
mœurs? etc. L'opinion, dit-on, en fait justice; mais d'abord
cette opinion vague et incertaine, qui naît et meurt au
même instant, ne se rattache à aucune peine positive qui
puisse perpétuer ses arrêts; d'un autre côté présente-t-elle,
ainsi abandonnée à ses propres forces, une digue assez
puissante aux efforts réitérés de la corruption? n'est-il pas
à craindre que ce torrent qui grossit tous les jours, ne finisse
par l'entraîner elle-même? Le magistrat, interprète de l'opinion publique, en fixeroit les décisions, en conserveroit les
maximes ; et qui empêcheroit d'ailleurs d'ajouter, comme
faisoient les romains, quelques désavantages sociaux à l'infamie qu'elle auroit prononcée? V. le tit. au ff. *de his qui
notantur infam.*

L'institution dont nous parlons auroit encore cet avantage, qu'organe de l'opinion dans la distribution du blâme,
le magistrat le seroit aussi dans celle des éloges et des récompenses. Tant de traits de générosité, de grandeur d'ame,
de vertus domestiques, qui sont cachés dans l'ombre, bril-
leroient au-dehors de tout leur éclat, et seroient offerts à
l'admiration et à l'émulation de la jeunesse : un livre d'or

que, remplissant effectivement les honorables
fonctions de la magistrature, ils pourront chaque
jour donner au peuple d'utiles leçons de morale
et de grands exemples d'équité !

***

seroit ouvert pour transmettre à la postérité ces exemples
utiles qui serviroient de leçons aux siècles à venir : des distinctions sociales seroient attachées aux belles actions, et
l'amour de la vertu auroit pour base l'intérêt qui est le
premier mobile du cœur humain, le premier levier des
gouvernemens, etc., etc. Mais je crains bien que toutes ces
idées qui ne sont pas neuves, ne soient que de brillantes
illusions dans l'état actuel de nos mœurs.

A Dijon, de l'imprimerie de BERNARD-DEFAY.

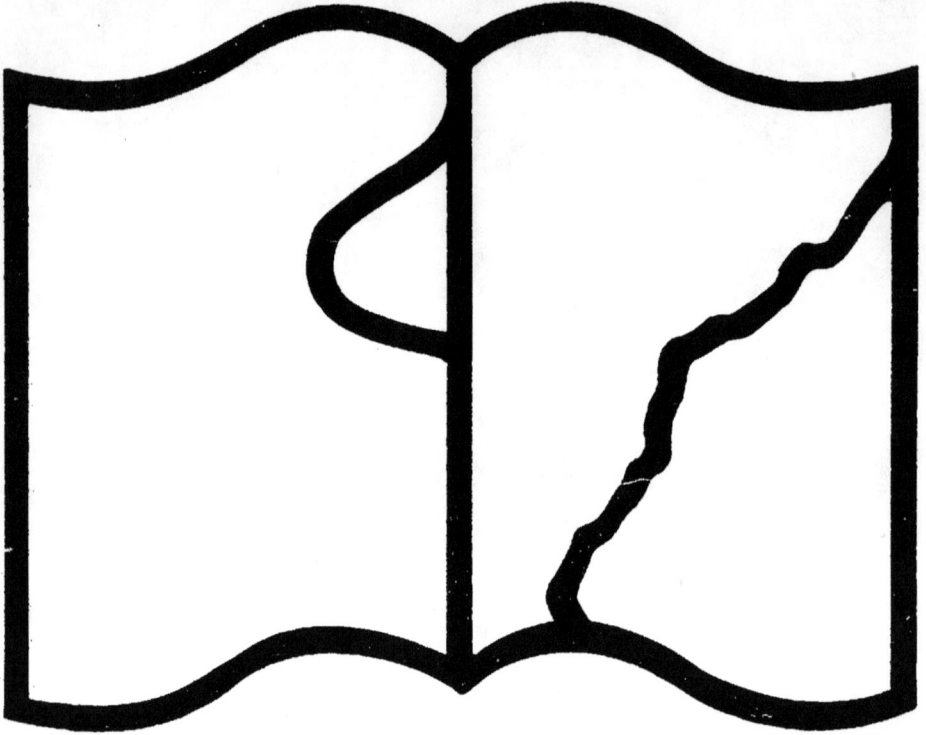

Texte détérioré — reliure défectueuse

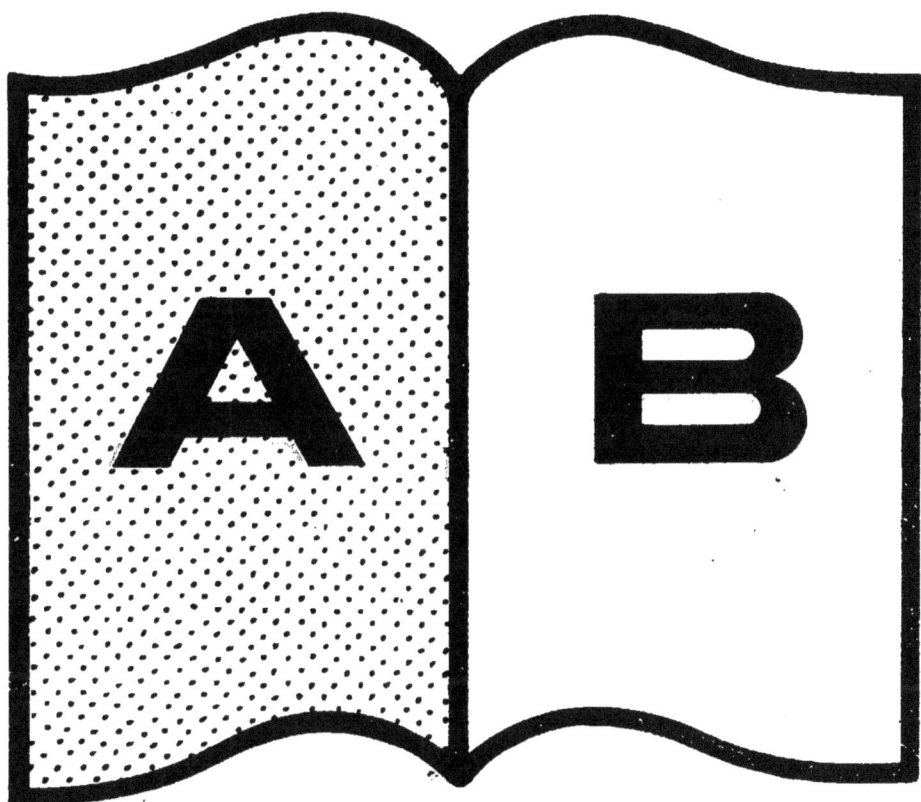

Contraste insuffisant

**NF Z 43**-120-14